Methoden-Karte

Zählt bis 3 und lest gemeinsam halblaut. Das Trainerkind führt den Finger mit.

Wenn das Sportlerkind einen Fehler macht, kann es sich selbst verbessern. Wenn es das nicht tut, verbessert das Trainerkind. Danach fangt ihr wieder am Satzanfang an.

Wenn sich das Sportlerkind sicher fühlt, gibt es dem Trainerkind ein Zeichen und liest allein.

Habt ihr den Text 4-mal gelesen, bearbeitet ihr die Aufgaben zum Text. Am Ende unterschreibt ihr.

Trainings-Tipps

Genau lesen
Lest jedes Wort.

Im richtigen Tempo lesen
Lest in dem Tempo,
in dem ihr beide den Text
gut verstehen könnt.

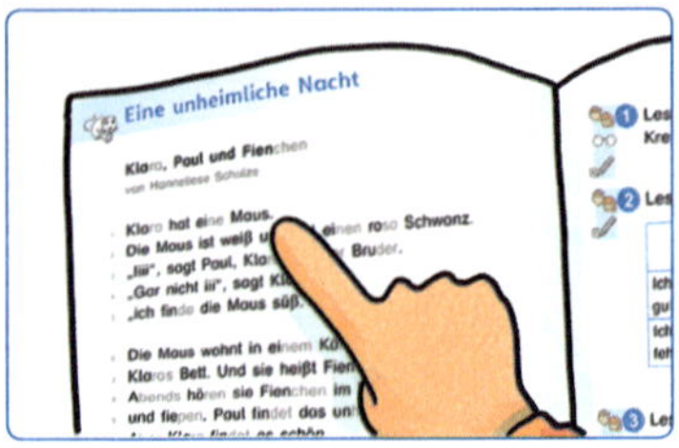

Pausen machen
Macht eine Pause,
wenn ein Satz zu Ende ist.

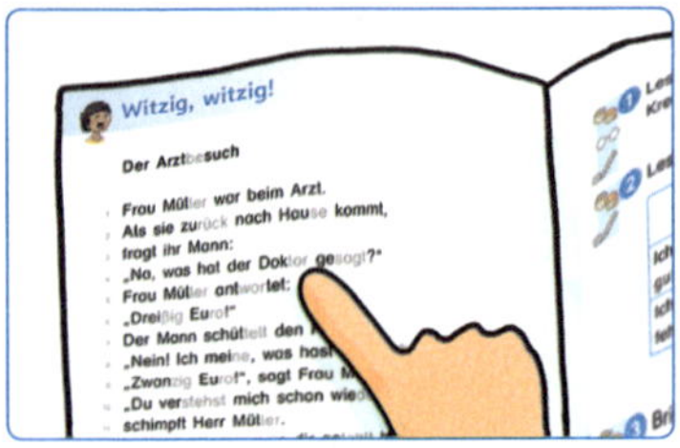

Mit Betonung lesen
Lest so vor, dass
die Stimme zu dem
passt, was ihr lest.

Weiter trainieren
Je mehr ihr lest,
desto besser werdet ihr.

westermann

Lesen im Tandem

Erarbeitet von

Nadine Pistor
Insa Scheller

in Zusammenarbeit mit der
Westermann-Grundschulredaktion

Illustriert von

Antje Hagemann

Flex und Flora 4
Deutsch

Inhaltsverzeichnis

LT 3

Wer nervt, gewinnt!

Wie alles anfing

von Anne Fine

Es fing damit an, dass jeder einen Blödelhut haben wollte. Diese Hüte waren einfach fantastisch. Und es gab sie in ganz unterschiedlichen Formen. Manche hatten lange, schlappe Hasenohren. Manche hatten kleine, spitze Elfenohren. Manche waren niedlich. Manche eher gruselig. Einer oder zwei waren wirklich widerlich.

Die Sache hatte nur einen Haken: Diese Blödelhüte kosteten ein Vermögen. „So viel Geld für eine dämliche Kappe?“, fragte Sarahs Vater. „Das soll wohl ein Witz sein.“

„Vergiss es, Jack“, sagte Jacks Mutter. „Du brauchst neue Schuhe, deine Winterjacke ist dir auch schon wieder zu klein. Ein alberner Hut, der noch nicht einmal die Ohren warm hält, das ist doch rausgeschmissenes Geld.“ Und alle anderen Eltern waren der gleichen Meinung.

Nur Lola bekam einen Blödelhut. Im Schaufenster des Ladens an der Ecke warteten die übrigen aber immer noch auf Käufer.

Petra starrte seufzend durch die Glasscheibe. „Ich hätte ja sooo gern den da.“ Sie zeigte auf den Hut mit den schwarzen, flauschigen Katzenohren. Sie wandte sich an Lola. „Wie hast du deine Eltern bloß dazu gekriegt, dir einen zu kaufen?“ „Ganz einfach“, sagte Lola. „Gejammer. Ich jammere meinen Eltern immer die Ohren voll, wenn ich unbedingt was will. Ich hab schon ganz schön viel gejammert, bis ich alles hatte, was ich wollte.“ *(gekürzt und verändert)*

1 Lest den Text 4-mal.
Kreuzt nach jedem Lesen an. 1 2 3 4

2 Lest die Tabelle. Kreuzt an.

	Ich schätze mich ein:	Mein Partnerkind schätzt mich ein:
Ich lese in einem guten Tempo vor.	😀 🙂 😐 🙁	😀 🙂 😐 🙁
Ich lese (fast) fehlerfrei vor.	😀 🙂 😐 🙁	😀 🙂 😐 🙁

3 Markiert im Text die Sätze, in denen die Antworten auf die Fragen stehen.

a) Womit fing es an?

b) Was für einen Haken hatte die Sache?

c) Wer bekam einen Blödelhut?

d) Wo konnte man Blödelhüte kaufen?

e) Welche Frage stellte Petra an Lola?

4 Wann habt ihr schon einmal gejammert, um etwas zu bekommen? Sprecht darüber.

______________ Datum

______________ Unterschrift Sportlerkind

______________ Unterschrift Trainerkind

Quengeln will gelernt sein

von Anne Fine

Alle starrten Lola an. Lola starrte verwundert zurück. „Jetzt sagt bloß, ihr habt keine Ahnung, wie ihr euren Willen durchsetzt? Muss ich etwa einen Club gründen und euch alles beibringen?" „Ja, bitte!", schrien alle.

„Also gut", sagte Lola. „Wir fangen mit der Anfängerstufe an: dem Ach-bitte-bitte-bitte-Quengel." Alle durften das mal ausprobieren.

„Das war sehr gut", sagte Lola. „Heute Abend geht ihr nach Hause und gebt euer Bestes. Morgen früh sehen wir uns wieder."

Am nächsten Morgen hatten Archie und Sarah Blödelhüte, aber die anderen hatten alle keinen. „Dann müsst ihr es eben anders versuchen. Als nächstes beschäftigen wir uns mit der Zuckerguss-Methode. Die wirkt häufig bei den Leuten, die Gebettel nicht ausstehen können."

Lola trat vor. Sie wandte sich an Anna und setzte ein honigsüßes Lächeln auf. „Du Mamiiiii", flötete sie. „Ich hab dich soooo lieb. Du bist die beste Mami auf der ganzen Welt." Sie machte eine kleine Pause. Alle warteten ab. „Du, kann ich einen von diesen wunderbaren Blödelhüten aus dem Laden an der Ecke haben?", fügte sie hinzu. Sie verbeugte sich, während die anderen Beifall klatschten. „Gut!", sagte Lola. „Mal sehen, ob es klappt."

Es klappte nicht. Anna kam am nächsten Morgen ohne Blödelhut in die Schule. Dafür hatte Petra einen.

(gekürzt und verändert)

1 Lest den Text 4-mal.
Kreuzt nach jedem Lesen an. ☐ 1 ☐ 2 ☐ 3 ☐ 4

2 Lest die Tabelle. Kreuzt an.

	Ich schätze mich ein:	Mein Partnerkind schätzt mich ein:
Ich lese in einem guten Tempo vor.	😀 🙂 😐 🙁	😀 🙂 😐 🙁
Ich lese (fast) fehlerfrei vor.	😀 🙂 😐 🙁	😀 🙂 😐 🙁

3 Lest die Sätze. Welche Sätze stimmen? Kreuzt an.

☐ Lola gründete einen Club, um den Kindern etwas beizubringen.

☐ Sie begann mit der Anfängerstufe.

☐ Die zweite Methode war die Zuckerwatte-Methode.

☐ Anna bekam keinen Blödelhut.

4 Wie heißt der falsche Satz richtig? Schreibt.

____

____

Datum | Unterschrift Sportlerkind | Unterschrift Trainerkind

Quengeln oder nicht!?

von Anne Fine

Lola fragte Jack: „Wie war es bei dir?“ Jack zuckte mit den Schultern. „Ich hab’s bei meiner Mama ausprobiert“, gestand er. „Aber sie hat nur gesagt: Versuch gar nicht erst mich einzuwickeln, und dann hat sie gesagt, wenn ich sie so wahnsinnig lieb habe, könnte ich ihr mal einen Gefallen tun und die Anrichte und den Esstisch polieren.“

„Dann bleibt nur der Bösartige Quengel“, rief Lola. „Ich kann es ja versuchen“, sagte Harold schüchtern. Er trat in die Mitte des Kreises und stemmte die Hände in die Hüften.

„Genial!“, sagte Charlotte. „Das ist total bösartig. Ich würde mich niemals trauen, das zu sagen.“ „Ich auch nicht“, gab Harold zu. „Deswegen habe ich schon die ganze Woche über Geld mit Autowaschen verdient.“ Er wühlte in seiner Tasche … … und zog einen nagelneuen Blödelhut hervor. „Und den habe ich mir gekauft.“ Es war der Alien-Hut mit den Antennen anstelle der Ohren.

Charlotte und Anna sahen sich an. „Gute Idee“, sagte Anna. Sie wandten sich an Lola. „Wärst du jetzt sehr beleidigt, wenn wir uns das Geld einfach verdienen würden?“ Lola zuckte mit den Schultern. „Wenn es funktioniert.“ Und am Ende hatte natürlich jeder einen!

(gekürzt und verändert)

1 Lest den Text 4-mal.
Kreuzt nach jedem Lesen an. ☐ 1 ☐ 2 ☐ 3 ☐ 4

2 Lest die Tabelle. Kreuzt an.

	Ich schätze mich ein:	Mein Partnerkind schätzt mich ein:
Ich lese in einem guten Tempo vor.	😃 🙂 😐 🙁	😃 🙂 😐 🙁
Ich lese (fast) fehlerfrei vor.	😃 🙂 😐 🙁	😃 🙂 😐 🙁

3 Lest die Fragen. Kreuzt an.

a) Welchen Quengel schlug Lola als nächstes vor?
- ☐ Sie schlug den Bösartigen Quengel vor.
- ☐ Sie sollten den Gruseligen Quengel üben.

b) Warum wendete Harold diesen Quengel nicht an?
- ☐ Was man bei diesem Quengel sagt, war ihm zu freundlich.
- ☐ Er fand diesen Quengel zu bösartig.

c) Wie wollten die Kinder nun das Geld für die Hüte bekommen?
- ☐ Sie planten einen Einbruch in das Geschäft.
- ☐ Sie wollten sich das Geld verdienen.

Datum	Unterschrift Sportlerkind	Unterschrift Trainerkind

Familie Brix

von Anna Böhm

An diesem Abend planten Emmi und ihre Geschwister etwas Verbotenes. Zu dritt lungerten sie auf der Eckbank in der Küche herum und bereiteten alles für die verbotene Sache vor. Emmi schnitt Gurken in Scheiben. Ihre Schwester Meike rührte die Familien-Spezialsoße zusammen und spielte nebenbei auf ihrem Smartphone. Zwischen ihnen hockte der kleine Fiete und arbeitete daran, sich in jedes Ohr einen Champignon zu stopfen.

Alle drei kicherten und freuten sich auf die verbotene Sache. Sie wollten Sandwiches grillen. Grillen lassen, um genau zu sein. Von Papas Drachen. Dabei hatte Mama total, absolut und hundertprozentig dem Drachen verboten, beim Essen Feuer zu speien.

Papas Drache saß an der Seite und versuchte, sich dünn zu machen. Das war sehr rücksichtsvoll von ihm – und völlig hoffnungslos. Er hieß Henk und gehörte zur Sorte der Blauen Drachlinger, was bekanntlich ziemlich große Drachen sind.

Und so nahm Henk einen beträchtlichen Teil der Küche ein. Er war so lang wie zwei Sofas – und so dick wie ein Sofa. Das führte immer wieder zu Debatten zwischen Papa und seinem Fabelwesen. Papa fand, dass so ein großer Drache versuchen sollte, nicht auch noch dick zu sein. Henk wiederum war der Meinung, es gäbe nichts Besseres als Gebäck. Die Haut des Drachen war von einem leuchtenden Blau. Auf dem Kopf hatte er zwei kleine Hörnchen und grüne Drachenohren.

(gekürzt und verändert)

1 Lest den Text 4-mal.
Kreuzt nach jedem Lesen an. ☐ 1 ☐ 2 ☐ 3 ☐ 4

2 Lest die Tabelle. Kreuzt an.

	Ich schätze mich ein:	Mein Partnerkind schätzt mich ein:
Ich lese in einem guten Tempo vor.	😀 🙂 😐 🙁	😀 🙂 😐 🙁
Ich lese (fast) fehlerfrei vor.	😀 🙂 😐 🙁	😀 🙂 😐 🙁

3 Beantwortet die Fragen. Schreibt.

a) Wie heißen die drei Kinder in der Geschichte?

____

b) Wie sollte Henk den Kindern bei der verbotenen Sache helfen?

____

____

4 Malt den Drachen Henk auf Seite 16 so an, wie es im Text beschrieben wird. Malt auch dazu, was dem Drachen noch fehlt.

Datum	Unterschrift Sportlerkind	Unterschrift Trainerkind

Sandwiches und große Aufregung

von Anna Böhm

Henk rieb sich die Vorderpfoten und rief: „Los geht's!“ Große Aufregung brach aus, und alle packten sich die Teller voll. Die Geschwister stellten ihre Teller vor Henk ab. Geschickt spuckte der Drache kleine Flammen und brutzelte damit die besten Sandwiches der Stadt. Herrlicher Duft erfüllte die Küche. Alle klatschten begeistert.

Als sie aßen, fragte Papa:

„Und, Emmi? Bist du schon aufgeregt?“

„Warum?“, fragte sie.

Dabei wusste sie ganz genau, was Papa meinte.

„Wegen deines Fabeltags natürlich.“

Emmi biss in ihr Sandwich und blickte Papa mit ihren großen blauen Augen an. „Nö“, sagte sie, „überhaupt nicht.“ Dabei war das gelogen. Sie war aufgeregt. Und wie! Genau genommen dachte sie seit Wochen an nichts anderes.

Papa wuschelte ihr über den Kopf. „In zwei Tagen ist es so weit“, sagte er. „Ist denn das zu fassen? Mein kleines Baby hat Fabeltag!“ Emmis Herz pochte vor Aufregung, sobald sie nur daran dachte. In genau zwei Tagen wurde sie zehn Jahre alt. Und wie jeder Wichtelstädter bekam sie an ihrem zehnten Geburtstag ein eigenes Fabelwesen. „Darf ich noch ein Sandwich?“, fragte sie, um Papa vom Thema abzulenken. Sie wollte nicht über ihren Fabeltag reden.

„Was für ein Fabelwesen wünschst du dir?“, fragte Meike. „Weiß nicht“, sagte Emmi. Das war schon wieder gelogen. Sie hatte einen Wunsch. Und was für einen! Er war so groß wie hundert Weihnachtswünsche und fünfzig Geburtstagswünsche zusammen. Und er war total verrückt.

(gekürzt und verändert)

1 Lest den Text 4-mal.
Kreuzt nach jedem Lesen an. ☐ 1 ☐ 2 ☐ 3 ☐ 4

2 Lest die Tabelle. Kreuzt an.

	Ich schätze mich ein:	Mein Partnerkind schätzt mich ein:
Ich lese in einem guten Tempo vor.	😃 🙂 😐 🙁	😃 🙂 😐 🙁
Ich lese (fast) fehlerfrei vor.	😃 🙂 😐 🙁	😃 🙂 😐 🙁

3 Lest die Sätze. Welche Sätze stimmen? Kreuzt an.

- ☐ Der Vater vermutete, dass Emmi wegen des Fabeltags aufgeregt sein könnte.
- ☐ Emmi sagte ihrem Vater die volle Wahrheit.
- ☐ Emmis Fabeltag war in genau drei Tagen.
- ☐ Ihr Herz pochte vor Aufregung, wenn sie an den Fabeltag dachte.
- ☐ Emmi wohnt in Wichtelstadt.
- ☐ Sie hatte fünfzig Wünsche.

4 Was sind eure größten Wünsche? Sprecht darüber.

Datum	Unterschrift Sportlerkind	Unterschrift Trainerkind

Der Fabeltag

von Anna Böhm

Emmi traute sich nicht, ihren Wunsch laut zu sagen, denn sie hatte Angst, dass die anderen sie dann auslachten. „Klar, du weißt es. Los, spuck’s aus!“, drängelte Meike. Emmi guckte die Familie an. „Ich brauche ein Einhorn“, sagte sie. „Einhörner sind die beliebtesten Fabelwesen der Schule.“

Papa umarmte Emmi. „Ich verstehe dich ja, Emmi. Aber ein Einhorn ist etwas ganz Besonderes. Wir sind eine normale Familie. Wir haben keine besonderen Fabelwesen.“

Am Sonnabend erwachte Emmi besonders früh und besonders aufgeregt. Ihr Fabeltag! Endlich war er da. Nach dem Frühstück zog Emmi das schöne Matrosenkleid an, das Mama schon an ihrem Fabeltag getragen hatte. Es passte ihr genau. Mama legte Emmi eine Hand auf die Schulter. „Bereit?“, fragte sie. Emmi nickte. Papa gab Emmi einen Kuss, und Mama reichte ihr das Fabelband.

Mit klopfendem Herzen trat Emmi einige Schritte nach vorn. Vor Aufregung vergaß sie, was als Nächstes zu tun war. Aber dann fiel es ihr wieder ein. Sie nahm das bunte Fabelband und warf es in die Höhe. Nichts geschah. Dann – ein kleiner Grunzer. Gras raschelte. Aus dem Nebel schritt ein rosafarbener Klops. Nein, er schritt nicht, er tippelte. Als er Emmi sah, riss er Augen und Mund auf und sprang los. Genau auf Emmi zu. Dann sprang der rosa Klops in Emmis Arme. Das bunt geflochtene Fabelband wickelte sich um die beiden und verknotete sich wie von Zauberhand.

Entsetzt starrte Emmi den Klops an, der auf ihrem Oberkörper saß. Es war ein rosa Hausschwein, klein und dick und süß. Es hatte einen runden Rüssel und einen Ringelschwanz und kleine Schlappohren. Aber das war noch nicht alles. Direkt darunter, auf der Stirn, trug das Schweinchen ein erstklassiges Horn. Es war golden und in sich gedreht, ganz wie bei einem Einhorn. *(gekürzt und verändert)*

1 Lest den Text 4-mal.
Kreuzt nach jedem Lesen an. 1 2 3 4

2 Lest die Tabelle. Kreuzt an.

	Ich schätze mich ein:	Mein Partnerkind schätzt mich ein:
Ich lese in einem guten Tempo vor.	😀 🙂 😐 🙁	😀 🙂 😐 🙁
Ich lese (fast) fehlerfrei vor.	😀 🙂 😐 🙁	😀 🙂 😐 🙁

3 Markiert im Text die Antworten auf die Fragen.

a) Welches waren die beliebtesten Fabelwesen der Schule?

b) Was zog Emmi an ihrem Fabeltag an?

c) Was tat Emmi mit dem Fabelband?

d) Genau wohin sprang der rosa Klops?

e) Wie sah das Horn des Schweinchens aus?

4 Wie findet Emmi ihr Fabeltier wohl? Sprecht darüber.

Datum	Unterschrift Sportlerkind	Unterschrift Trainerkind

Die Stinkbombe

von Alan MacDonald

Rocco war in seinem Zimmer und arbeitete an einem Experiment. Schon seit Wochen sammelte er alle Zutaten, die man für eine Stinkbombe brauchte.

Roccos superstinkiges Stinkbombenrezept Nr. 1
1 Stück stinkender Handkäse
1 verschwitzte, mindestens 3x getragene Sportsocke
4 faule Eier
3 welke Salatblätter
1 Dose Hundefutter
1 gute Handvoll Hundehaare

SCHLURPS! Rocco nahm einen Bleistift und rührte die Mischung gut um. Dann schnüffelte er an dem braunen Brei. Nicht übel, dachte er. Noch ein paar Tage, dann würde das Ganze so richtig schön stinkig werden. Rocco konnte es kaum erwarten, seine Stinkbombe in der Schule auszuprobieren.

Roccos Hund Schnuffer trottete herbei und steckte seine Nase in die Plastikdose. „Nein, Schnuffer, aus!“, sagte Rocco. „Das ist nichts zum Fressen.“

Da kam jemand!

Schnell drückte Rocco den Deckel auf die Dose und versteckte sie in seinem Nachtschrank.

Seine Mutter steckte den Kopf zur Tür herein.

„Was machst du denn, Rocco?“, fragte sie misstrauisch.

„Nichts“, sagte Rocco. „Ich spiele nur.“

Seine Mutter schnupperte.

„Was ist denn das für ein Geruch?“

„Geruch? Ich rieche nichts.“

„Das ist ja ekelhaft“, sagte seine Mutter.

„Wirklich?“ Rocco machte ein erfreutes Gesicht. Die Stinkbombe musste ja eine echte Meisterleistung sein, wenn man sie durch die Nachtschranktür hindurch roch.

„PUH! Schnuffer! Warst du das?“, fragte er und hielt sich die Nase zu.

Schnuffer wedelte mit dem Schwanz.

„Dieser Hund“, seufzte Roccos Mutter.

(gekürzt und verändert)

1 Lest den Text 4-mal.
Kreuzt nach jedem Lesen an. ☐ 1 ☐ 2 ☐ 3 ☐ 4

2 Lest die Tabelle. Kreuzt an.

	Ich schätze mich ein:	Mein Partnerkind schätzt mich ein:
Ich lese in einem guten Tempo vor.	😃 🙂 😐 🙁	😃 🙂 😐 🙁
Ich lese (fast) fehlerfrei vor.	😃 🙂 😐 🙁	😃 🙂 😐 🙁

3 Beantwortet die Fragen. Schreibt die Antworten. Schreibt auch, in welcher Zeile ihr die Antworten im Text findet.

a) Wo arbeitete Rocco an seinem Experiment?

_______________________________ Zeile: _______

b) Wo wollte Rocco seine Stinkbombe ausprobieren?

_______________________________ Zeile: _______

c) Wo versteckte Rocco die Stinkbombe, als seine Mutter kam?

_______________________________ Zeile: _______

_______________ _______________ _______________
Datum | Unterschrift Sportlerkind | Unterschrift Trainerkind

Übernachtungsbesuch

von Alan MacDonald

Die Mutter wandte sich wieder an Rocco. „Ich dachte, ich hätte gesagt, du sollst dein Zimmer aufräumen.“ „Es ist aufgeräumt“, gab Rocco zur Antwort. Seine Mutter warf ihm einen vernichtenden Blick zu. „Rocco! Hier liegt überall Müll rum!“ Rocco inspizierte sein Zimmer. Alles war da, wo es immer war. Auf dem Fußboden. „Ich mag es so“, erklärte er. „Aber ich nicht. Außerdem muss dein Zimmer heute aufgeräumt sein“, sagte seine Mutter. „Susie hat einen Übernachtungsgast.“ „Wen denn?“, fragte Rocco.

Roccos Schwester Susie erschien in der Zimmertür. „Anna“, sagte sie. „Und die beiden schlafen in deinem Zimmer“, sagte seine Mutter. Rocco blieb der Mund offen stehen. Ihm wurde übel. Ihm wurde schwindelig. „Hier? In meinem Zimmer?“, fragte er. „Ja“, sagte seine Mutter. „Bei dir ist mehr Platz als bei Susie. Hier können wir das Gästebett aufbauen.“

DING DONG! Rocco hörte Stimmen von der Haustür. „Hallo, Anna!“, sagte seine Mutter freundlich. „Schön, dass du da bist.“ „Hallo“, antwortete Anna. „Dann viel Spaß, mein Schatz“, sagte Annas Mutter und gab ihr einen Kuss. „Morgen früh hole ich dich wieder ab.“

Nach dem Abendessen setzten sich die Mädchen vor den Fernseher. Rocco stürmte zu ihnen ins Wohnzimmer und warf sich in einen Sessel.

„Wo ist denn die Fernbedienung? Jetzt kommt Alien Arthur!“, sagte er. „Wir gucken aber was anderes“, sagte Susie. „Zwei gegen einen, du hast verloren“, feixte Anna. Missmutig sackte Rocco in seinem Sessel zusammen. Das war wahrscheinlich der blödeste Samstag in seinem ganzen Leben. Aber so leicht gab Rocco sich nicht geschlagen. Er würde heute Nacht auf gar keinen Fall in Susies Zimmer schlafen.

(gekürzt und verändert)

1 Lest den Text 4-mal.
Kreuzt nach jedem Lesen an. ☐ 1 ☐ 2 ☐ 3 ☐ 4

2 Lest die Tabelle. Kreuzt an.

	Ich schätze mich ein:	Mein Partnerkind schätzt mich ein:
Ich lese in einem guten Tempo vor.	😃 🙂 😐 🙁	😃 🙂 😐 🙁
Ich lese (fast) fehlerfrei vor.	😃 🙂 😐 🙁	😃 🙂 😐 🙁

3 Lest die Sätze. Kreuzt an.

	richtig	falsch
Rocco mochte es, wenn seine Sachen auf dem Fußboden lagen.	☐	☐
Er sollte aufräumen, weil die Mädchen in seinem Zimmer übernachten sollten.	☐	☐
Anna ist Roccos Schwester.	☐	☐
Die Mädchen wollten unbedingt Alien Arthur gucken.	☐	☐
Rocco wollte auf keinen Fall in Susies Zimmer schlafen.	☐	☐

__________ Datum

__________ Unterschrift Sportlerkind

__________ Unterschrift Trainerkind

Schrecken in der Nacht

von Alan MacDonald

Mitternacht. Im ganzen Haus war es totenstill. Susie schlief tief und fest. Anna schlief tief und fest.

Rocco schlief nicht. Er kroch über den Flur. In seiner Hand hielt er etwas. Er öffnete die Tür zu seinem Zimmer und schlich sich hinein. An seiner Hand hing eine große Plastikspinne an einem Gummiband. Langsam ließ er die Spinne zu seinem Opfer hinab. Die Spinne strich über Annas Haare. Anna schlug die Augen auf. Ihre Pupillen weiteten sich vor Schreck. „IIIIEEEHHH!“, schrie Anna.

Der Lärm weckte Susie. „Mamaaaa! Rocco ist in unserem Zimmer!“ KLICK! Das Licht ging an. In der Tür stand ihre Mutter im Morgenmantel.

Seine Mutter sah ihn scharf an. „Du gehst jetzt schlafen. Und wenn ich dich noch einmal außerhalb des Bettes erwische, gibt es einen ganzen Monat lang keine Süßigkeiten.“ Rocco trottete zurück in Susies Zimmer.

Drüben in Roccos Zimmer lag Anna noch immer wach. Hätte Susies Mutter doch nur nicht von Süßigkeiten gesprochen! Zu Hause hatte sie ein Geheimversteck mit Süßigkeiten in ihrem Zimmer, für den Fall, dass sie nachts Hunger bekam. Vielleicht hatte Susies schrecklicher kleiner Bruder ja auch eins?

Anna schaute unter Roccos Bett. Nichts. Sie sah unter das Kopfkissen. Nichts. Sie öffnete den Nachtschrank. Darin stand eine kleine Plastikdose. Neugierig zog Anna sie heraus. Sie hob den Deckel ab und schaute hinein. Ein übler Gestank traf sie wie ein Orkan mit Windstärke zwölf. Ihr wurde schlecht. Susie wachte auf.

BUM! BUM! BUM! Jemand hämmerte an Roccos Tür. Susie und Anna stürmten hinein. Fünf Minuten später lag Rocco wieder in seinem eigenen Bett. Zugegeben, es muffelte ein bisschen, aber das machte ihm eigentlich nichts aus.

(gekürzt und verändert)

1 Lest den Text 4-mal.
Kreuzt nach jedem Lesen an. [1] [2] [3] [4]

2 Lest die Tabelle. Kreuzt an.

	Ich schätze mich ein:	Mein Partnerkind schätzt mich ein:
Ich lese in einem guten Tempo vor.	😃 🙂 😐 🙁	😃 🙂 😐 🙁
Ich lese (fast) fehlerfrei vor.	😃 🙂 😐 🙁	😃 🙂 😐 🙁

3 Bringt die Sätze in die richtige Reihenfolge.
Schreibt A B C D E in die Kreise.

◯ Die Spinne strich über Annas Haare und Anna schrie vor Schreck.

◯ Anna hatte Hunger auf Süßigkeiten und suchte in Roccos Zimmer danach.

◯ Rocco wollte die Mädchen mit einer Gummispinne erschrecken.

◯ Der Lärm weckte Susie und Mama.

◯ Anna fand die Stinkbombe. Dann wollten sie und Susie nicht mehr in Roccos Zimmer schlafen.

Datum	Unterschrift Sportlerkind	Unterschrift Trainerkind

Pferd zugelaufen

von Petra Eimer

Das bin ich: Paul.
Mein Leben war eigentlich ganz normal.
Und eigentlich auch ziemlich cool.
Ich habe eigentlich ganz coole Eltern.
(Auch wenn sie, wie ich finde,
nicht wirklich normal sind.)
Ich habe einen besten Freund: Max.
Und eine Nachbarin (Anna).
Ich hatte also eigentlich immer
ein normales und schönes Leben …
Und dann kam Juli.

Juli ist uns zugelaufen
wie anderen Leuten vielleicht
ein Hund oder eine Katze.
Passiert.
Aber wem läuft schon
ein ausgewachsenes Pferd zu?
Uns.

Juli stand plötzlich in unserem Garten.
Ich kam aus der Schule nach Hause,
und da war sie –
mit den Vergissmeinnicht meiner Mutter im Maul
und einem Blick,
den auch der treueste Hund
so nicht hinbekommen hätte.

„Ein schönes Pferd!“, hat Mama gesagt und sich fast gar nicht gewundert, dass da ein Pferd im Garten steht. Stattdessen hat sie Julis Farbe bewundert. Die ist wirklich alles andere als bewundernswert, denn Juli ist grau. Nicht so silbergrau wie Pferde in Filmen, sondern eher … schmutzig-grau. Die Form von Juli erinnert mich an eine Birne. Sie ist rund und vorn zum Kopf hin ein bisschen schmaler. Juli ist einfach nur hässlich. Mama und Papa finden sie süß und dass sie den halben Garten einnimmt, stört sie offenbar gar nicht.

„So ein Pferd im Garten ist ganz schön praktisch“, hat Papa gesagt. „Das spart uns den Rasenmäher!“ Mama hat gelacht und sich an ihn gekuschelt, und dann hat sie ganz tief geseufzt. „Ich habe mir als Kind immer ein Pferd gewünscht“, hat sie gemurmelt.

Und damit war eine Sache schnell klar: Keiner aus der Familie hatte etwas dagegen, das Pferd erst einmal da zu lassen, wo es war – in unserem Garten. Keiner außer mir.

(gekürzt und verändert)

1 Lest den Text 4-mal.
Kreuzt nach jedem Lesen an. ☐ 1 ☐ 2 ☐ 3 ☐ 4

2 Lest die Tabelle. Kreuzt an.

	Ich schätze mich ein:	Mein Partnerkind schätzt mich ein:
Ich lese in einem guten Tempo vor.		
Ich lese (fast) fehlerfrei vor.		

3 Lest die Fragen. Kreuzt an.

a) Wie heißt der Erzähler der Geschichte?
- ☐ Der Erzähler der Geschichte heißt Max.
- ☐ Der Junge, der die Geschichte erzählt, heißt Paul.

b) Wer ist Anna?
- ☐ Anna ist die Nachbarin des Erzählers.
- ☐ Die Großmutter des Erzählers heißt Anna.

c) Wie sieht das Pferd Juli aus?
- ☐ Juli ist silbergrau wie die Pferde in Filmen.
- ☐ Juli ist eher schmutzig-grau, birnenförmig und hässlich.

Datum	Unterschrift Sportlerkind	Unterschrift Trainerkind

Ärger mit Juli

von Petra Eimer

„Wie cool ist das denn?!“, ruft Max schon von Weitem, als er in unsere Einfahrt einbiegt. Mit offenem Mund steht er neben mir und glotzt Juli an. Juli glotzt zurück. „Was wollt ihr denn jetzt damit machen?“, fragt mich Max. „Na, nichts“, gebe ich zurück und kratze mich an der Nase. „Das Pferd muss natürlich weg.“ Max nickt. „Am besten erst mal den Besitzer suchen“, schlägt er vor. „Wir müssen Flugblätter verteilen.“ Sehr gut! „Pferd zugelaufen“, diktiert Max die Überschrift. „Grau, struppige Mähne, Flecken auf dem Po.“ Wir werfen beide einen Blick aus dem Fenster auf Juli. Die steht gerade in Papas Gemüsegarten und rupft die Möhren raus.

Anna steht draußen am Zaun. Sie ist meine Nachbarin. „Wo habt ihr denn auf einmal ein Pferd her?“, ruft sie. „Ist uns zugelaufen“, sage ich. „Im Ernst?!“ „Ja.“ „Wie cooool!!!“ – Geht so. „Wir hängen jetzt erst mal die Zettel auf, und dann ist das Pferd bestimmt bald weg“, sagt Max aufmunternd.

Eine ganze Woche ist nun vorbei, und Juli ist noch immer da. Keiner kennt sie, und niemand weiß, woher sie gekommen ist. Und je länger ich darüber nachdenke, umso klarer wird mir auch, warum: Wer soll schon ein Pferd vermissen?! Und dann noch so eins wie Juli?!

Wehmütig blicke ich auf unseren Garten. Genauer gesagt, auf meinen Teil des Gartens: die Wildnis. Die Wildnis ist der hintere Teil des Gartens und war immer mein Reich. Dort wuchs das Gras so hoch, dass man sich im Sommer darin verstecken konnte. Und es gab eine Schaukel, die Max und ich gebaut hatten.

Aber seit Juli da ist, ist alles Schrott. Das Gras ist so weit heruntergefressen, dass man dort Golf spielen könnte, und die Schaukel … nun ja.

(gekürzt und verändert)

1 Lest den Text 4-mal.
Kreuzt nach jedem Lesen an. 1 2 3 4

2 Lest die Tabelle. Kreuzt an.

	Ich schätze mich ein:	Mein Partnerkind schätzt mich ein:
Ich lese in einem guten Tempo vor.	😃 🙂 😐 🙁	😃 🙂 😐 🙁
Ich lese (fast) fehlerfrei vor.	😃 🙂 😐 🙁	😃 🙂 😐 🙁

3 Lest die Sätze. Welche Sätze stimmen? Kreuzt an.

- ☐ Pauls Freund Max glotzt Juli am Anfang nur an.
- ☐ Am liebsten möchte Paul das Pferd loswerden.
- ☐ Paul und Max wollen Flugblätter verteilen.
- ☐ Als Paul und Max aus dem Fenster schauen, frisst Juli gerade Äpfel.
- ☐ Paul glaubt nicht, dass jemand Juli vermisst.

4 Wie heißt der falsche Satz richtig? Schreibt.

____

____

Datum	Unterschrift Sportlerkind	Unterschrift Trainerkind

Der Mann

von Petra Eimer

Ich sitze in meinem Zimmer und denke darüber nach, wie ich Juli loswerden kann, als es plötzlich an der Tür klingelt. Vor der Tür steht ein Mann. „Ich habe gehört, euch ist ein Pferd zugelaufen“, sagt der Mann. Während Mama mit dem Mann redet, gehe ich erstmal in den Garten. Es ist kaum zu glauben! Endlich ist er da: Julis Besitzer! Er wird Juli mitnehmen, und ich muss nichts dafür tun! Und dann ist alles wieder wie früher.

Als ich abends im Bett liege, klackern draußen Julis Hufe. Und plötzlich merke ich, dass ich traurig sein werde, wenn sie nicht mehr da ist. Ich will nicht, dass Juli dem Mann gehört. Und vor allem will ich nicht mehr, dass er sie mitnimmt!

Aber am nächsten Morgen erzählt Mama mir, dass der Mann, der eigentlich Herr Hoppe heißt, mir Juli geschenkt hat. Herr Hoppe ist nämlich schon sehr alt. Und er lebt ganz alleine. Deshalb haben Mama, Papa und Herr Hoppe beschlossen, dass Juli bei uns bleiben soll. Bei mir!

Herr Hoppe besucht uns nun jeden Sonntag und manchmal auch einfach zwischendurch. Dann kümmert er sich ein bisschen um Juli, und manchmal kümmert er sich auch ein bisschen um uns.

Anna, Max und ich haben eine Bande gegründet. Juli ist auch Bandenmitglied. Die tierischen Vier haben wir uns genannt. „Bandengruß!“, ruft Anna. Wir stellen uns alle drei vor Juli auf, und Juli hebt den Huf. Das hat Anna ihr beigebracht. Max ballt seine Hand zu einer Faust und knufft sie gegen Julis Huf, dann gegen Annas Faust, dann gegen meine. Anna und ich schließen uns ihm an. „Auf Juli!“, sagt Anna. „Auf uns!“, sagt Max. „Auf die tierischen Vier!“, sage ich, und Juli schnaubt.

(gekürzt und verändert)

1 Lest den Text 4-mal.
Kreuzt nach jedem Lesen an. ☐ 1 ☐ 2 ☐ 3 ☐ 4

2 Lest die Tabelle. Kreuzt an.

	Ich schätze mich ein:	Mein Partnerkind schätzt mich ein:
Ich lese in einem guten Tempo vor.	😃 🙂 😐 🙁	😃 🙂 😐 🙁
Ich lese (fast) fehlerfrei vor.	😃 🙂 😐 🙁	😃 🙂 😐 🙁

3 Findet die drei Fehler im Text.
Streicht die Wörter durch und schreibt sie richtig auf.

Eines Tages steht ein Mann vor der Tür, der Julis Onkel ist. Paul glaubt, dass der Mann Juli mitnehmen möchte und ist plötzlich sehr traurig. Da verabreden Mama, Opa und der Mann, dass Juli bleiben darf. Der Mann ist nämlich sehr alt und kann sich nicht mehr rund um die Uhr um Juli kümmern. Paul ist sehr glücklich, dass er Juli nicht weggeben muss. Mit Max, Anna und Juli gründet Paul eine Firma. Sie heißt die tierischen Vier.

Datum | Unterschrift Sportlerkind | Unterschrift Trainerkind

Der schrecklichste Unterricht

von Sabine Ludwig

„Hast du dein Schwimmzeug dabei?“, hat meine Mutter mir am Morgen hinterhergerufen, als ich schon halb aus dem Haus gewesen bin. Jeden Donnerstag haben wir die ersten beiden Stunden Schwimmen. Ich hasse Schwimmen! Also nicht das Baden im Sommer und im See oder im Meer, aber das Schwimmen in der Hermann-Schürrkopf-Schwimmhalle. Das ist einfach nur schrecklich.

Ich weiß nicht, wer dieser Hermann Schürrkopf war, aber wenn er diese Halle gebaut hat, sollte man ihn darin einsperren und erst wieder rauslassen, wenn er verspricht, sie auf der Stelle wieder abzureißen. Schon von außen sieht die Schwimmhalle aus wie ein Klo von innen.

Die Wände sind nämlich aus graugelben Fliesen, von denen einige schon abgefallen sind. Natürlich ist auch im Becken das Wasser kalt, und manchmal schwimmt da ein altes Pflaster drin rum oder irgendwas anderes Ekliges, das jemand beim Schwimmen verloren hat.

Der Bademeister ist auch nicht nett, er steht am Rand vom Becken und sagt uns, was wir machen sollen. Und dann wirft er Ringe ins Wasser, nach denen müssen wir tauchen. Oder wir sollen um die Wette schwimmen oder kraulen oder einen Kopfsprung vom Dreier machen.

„Hast du Schwimmsachen dabei?“, hab ich Aki gefragt, als ich ihn an der Ecke traf. Aki nickte. Als wir in die Schule kamen, stand Herr Fischli vor dem Lehrerzimmer und rief: „Beeilt euch, der Bus wartet nicht.“

(gekürzt und verändert)

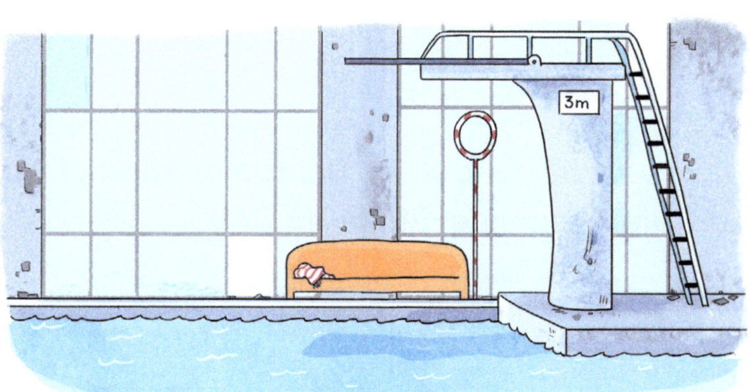

1 Lest den Text 4-mal.
Kreuzt nach jedem Lesen an. ☐ 1 ☐ 2 ☐ 3 ☐ 4

2 Lest die Tabelle. Kreuzt an.

	Ich schätze mich ein:				Mein Partnerkind schätzt mich ein:			
Ich lese in einem guten Tempo vor.	😀	🙂	😐	🙁	😀	🙂	😐	🙁
Ich lese (fast) fehlerfrei vor.	😀	🙂	😐	🙁	😀	🙂	😐	🙁

3 Beantwortet die Fragen. Schreibt.

a) Wo fand der Schwimmunterricht statt?

____

b) Wer unterrichtete die Kinder im Schwimmunterricht?

____

c) Was erfahrt ihr über das Wasser im Schwimmbad?

____

4 Was müssen die Kinder im Schwimmunterricht machen?
Markiert die passende Stelle im Text.

____________	____________	____________
Datum	Unterschrift Sportlerkind	Unterschrift Trainerkind

Auf ins Schwimmbad

von Sabine Ludwig

Die anderen saßen schon auf ihren Plätzen, als wir in den Bus gestiegen sind. Keiner hat besonders fröhlich ausgesehen. Miss Braitwhistle saß vorne, direkt neben dem Fahrer, und hatte ihre Tasche auf dem Schoß.

„Miss Brat … äh, also, ich wollte nur sagen, meine Mutter hat gesagt, dass ich nicht schwimmen kann, weil ich nämlich Schnupfen hab“, meinte Hugo. Natürlich hatte er keinen Schnupfen, aber er versucht es jedes Mal. „Du nicht kannst schwimmen, no problem, du wirst schwimmen lernen. Damit.“ Miss Braitwhistle hat Schwimmflügel mit kleinen bunten Seepferdchen drauf aus ihrer Tasche gezogen und ihm gegeben. Hugo hat vielleicht ein dummes Gesicht gemacht.

Als wir vor dem Schwimmbad angekommen sind, saß an der Kasse wieder die dicke, schlecht gelaunte Frau.

Wir haben uns schnell umgezogen.
Der Bademeister hat nicht auf uns geachtet,
der war nämlich damit beschäftigt,
Miss Braitwhistle anzumeckern, die auf der Bank saß
und sich gerade eine Tasse Tee einschenkte.

Aki und ich sind zu den anderen,
die sich schon am Beckenrand aufgestellt haben.
Wir haben darauf gewartet,
dass der Bademeister uns sagt,
was wir machen sollen.
Aber der war immer noch
mit Miss Braitwhistle beschäftigt.

„Ich sag's Ihnen jetzt zum letzten Mal, Fräulein:
In der Halle ist das Trinken nicht gestattet!"
„Aber ich trinke nicht, ich habe Tee."
Der Bademeister hat sich die Haare gerauft.
„Trinken ist hier verboten!"
„Ganz meine Meinung", hat Miss Braitwhistle gesagt.
„Trinken ist eine schreckliche Gewohnheit."
„Sie wollen mich wohl verar ...",
fing der Bademeister an,
aber anscheinend
ist ihm eingefallen,
dass wir auch noch
da waren, und er sagte:
„Sie wollen mich wohl
aufs Glatteis führen!"

(gekürzt und verändert)

1 Lest den Text 4-mal.
Kreuzt nach jedem Lesen an. [1] [2] [3] [4]

2 Lest die Tabelle. Kreuzt an.

	Ich schätze mich ein:	Mein Partnerkind schätzt mich ein:
Ich lese in einem guten Tempo vor.		
Ich lese (fast) fehlerfrei vor.		

3 Lest die Satzteile. Verbindet.

- Hugo behauptete, er habe Schnupfen,
- Hugo machte ein dummes Gesicht,
- Im Schwimmbad zogen sich die Kinder
- Miss Braitwhistle trank in der Schwimmhalle Tee

- schnell um und stellten sich auf.
- und wurde angemeckert.
- weil er nicht schwimmen wollte.
- denn er bekam Schwimmflügel.

Datum ________ Unterschrift Sportlerkind ________ Unterschrift Trainerkind ________

Glatteis

von Sabine Ludwig

Miss Braitwhistle hat ihre Teetasse abgestellt und ist zum Becken gekommen. Dann hat sie ins Wasser geschaut und gesagt: „Es gibt aber kein Eis hier.“ Die Haare des Bademeisters standen von seinem Kopf ab wie die Stacheln von einem Igel. „Natürlich nicht!“, hat er geschrien. „Eher fresse ich einen Besen, als dass dieses Wasser zu Eis wird.“

„Isst man Besen in Deutschland?“, hat Miss Braitwhistle gefragt. „Interessant.“ Plötzlich hat es ganz komisch geknistert und geknackt, und Pauline hat gerufen: „Guckt mal, das Wasser ist Eis. Richtiges Eis!“

Miss Braitwhistle hat sich auf den Beckenrand gesetzt, dann einen Fuß aufs Wasser gestellt, das ja gar kein Wasser mehr war, und gesagt: „Wundervolles Glatteis, wirklich wundervoll.“ Dann hat sie uns angeschaut. „Come on, children, zieht an eure Sachen und die schlitternden Schuhe, und ich fuhre euch aufs Glatteis.“

Der Bademeister stand da und machte ein Gesicht, als sei gerade sein blödes Schwimmbad explodiert, dabei war nur das Wasser gefroren. „Ich verstehe das nicht … das ist noch nie passiert … da muss mit der Heizungsanlage was nicht stimmen“, hat er gestottert.

Aki hat sich eine Badenudel geschnappt und so getan, als sei sie ein Hockeyschläger. Da haben wir anderen uns natürlich auch Badenudeln geholt. Einen der Ringe, nach denen wir immer tauchen müssen, haben wir als Puck benutzt. Keiner von uns wusste, wie man richtig Eishockey spielt, aber es war trotzdem lustig. Auf jeden Fall war das die beste Schwimmstunde, die wir jemals hatten.

(gekürzt und verändert)

1 Lest den Text 4-mal.
Kreuzt nach jedem Lesen an. ☐ 1 ☐ 2 ☐ 3 ☐ 4

2 Lest die Tabelle. Kreuzt an.

	Ich schätze mich ein:	Mein Partnerkind schätzt mich ein:
Ich lese in einem guten Tempo vor.	😃 🙂 😐 🙁	😃 🙂 😐 🙁
Ich lese (fast) fehlerfrei vor.	😃 🙂 😐 🙁	😃 🙂 😐 🙁

3 Lest die Sätze. Kreuzt an.

Die Redensart „Eher fresse ich einen Besen!“ verwendet man, wenn …

- ☐ man denkt, dass etwas auf keinen Fall passiert.
- ☐ man Haare hat, die wie Igelstacheln aussehen.

Die Redensart „jemanden aufs Glatteis führen“ verwendet man, wenn man vermutet, …

- ☐ dass man im Winter ausrutschen könnte.
- ☐ dass einen jemand veräppeln möchte.

Weil Miss Braitwhistle aus England kommt, …

- ☐ versteht sie die Redewendungen nicht.
- ☐ spricht sie mit den Kindern Spanisch.

Datum	Unterschrift Sportlerkind	Unterschrift Trainerkind

Zu allen Abenteuern bereit

von Alex T. Smith

Es war 10 Uhr 32 an einem Montagmorgen. Mister Pinguin langweilte sich. Heute war sein erster Tag als professioneller Abenteurer, aber es lief nicht so richtig nach Plan. Gestern hatte er eine Anzeige in die Stadtzeitung gesetzt und er hatte gedacht, sein Telefon würde heute gar nicht mehr aufhören zu klingeln. Eigentlich hatte er Abenteuer am laufenden Band erwartet. Aber nichts war passiert. Sein Telefon gab keinen Ton von sich.

„Was ich jetzt bräuchte“, sagte Mister Pinguin, „ist ein klingelndes Telefon und ein lustiges Abenteuer, das am anderen Ende der Leitung auf mich wartet …“ Kaum hatten diese Worte seinen Schnabel verlassen, da klingelte TATSÄCHLICH das Telefon.

Mister Pinguin erschrak so sehr, dass er von seinem Stuhl purzelte und mit einem lauten Scheppern im Papierkorb landete. „Hallo“, sagte er. „Mister Pinguin am Apparat.“

„Oh, hallo, Mister Pinguin!“, ertönte eine Frauenstimme. Sie klang ziemlich aufgeregt und besorgt. „Kriemhilde Knochen hier. Leiterin des Museums exklusiver Seltsamkeiten. Mister Pinguin, Sie sind meine ALLERLETZTE Hoffnung! Mein Museum ist sehr alt und ich fürchte, es fällt langsam in sich zusammen. Wände bröckeln, Türen kippen aus ihren Angeln … Die einzige Möglichkeit, wie wir das alles wieder in Ordnung bringen könnten, ist, wenn wir den Schatz finden, den mein Ur-Ur-Urgroßvater irgendwo im Museum versteckt hat. Mein Bruder und ich haben ÜBERALL danach gesucht. Werden Sie uns helfen? Wenn der Schatz erst einmal gefunden ist, werde ich Sie reich entlohnen!“

Mister Pinguin konnte kaum glauben, was er da hörte. Ein vergrabener Schatz! Das war es! Sein erstes Abenteuer! „Ich bin in ein paar Minuten bei Ihnen!“, sagte Mister Pinguin. „AUSGEZEICHNET!“, rief Kriemhilde Knochen und klang jetzt viel glücklicher. „Bitte beeilen Sie sich – wir können es kaum erwarten!“

(gekürzt und verändert)

1 Lest den Text 4-mal.
Kreuzt nach jedem Lesen an. 1 2 3 4

2 Lest die Tabelle. Kreuzt an.

	Ich schätze mich ein:	Mein Partnerkind schätzt mich ein:
Ich lese in einem guten Tempo vor.	😃 🙂 😐 🙁	😃 🙂 😐 🙁
Ich lese (fast) fehlerfrei vor.	😃 🙂 😐 🙁	😃 🙂 😐 🙁

3 Lest die Satzteile. Verbindet.

Es war Montag	eines Museums.
Mister Pinguin	um kurz nach halb elf.
Da klingelte endlich	hatte Langeweile.
Am anderen Ende	einen Schatz.
Sie war die Leiterin	das Telefon.
Kriemhilde Knochen suchte	war Kriemhilde Knochen.

Datum ______ Unterschrift Sportlerkind ______ Unterschrift Trainerkind ______

Im Museum

von Alex T. Smith

Das Museum exklusiver Seltsamkeiten war ein großes Gebäude. Das riesige Tor des Museums schwang auf, noch bevor Mister Pinguin auf die Klingel drücken konnte. Er wurde von einer überaus geschäftig wirkenden Frau in die Eingangshalle gezogen. „Mister Pinguin! Mein Retter in der Not!“, rief sie und führte ihn aus dem dunklen Eingangsbereich in eine große Halle. „Wie GUT, dass sie gekommen sind! Sehen Sie sich nur mal den Zustand meines Museums an.“

Mister Pinguin blieb stehen und blickte sich um. Das Museum war in einem grässlichen Zustand. Der Putz war in großen Stücken von den Wänden gebröckelt und alles war von einer dicken Staubschicht überzogen. „Was ist denn hier passiert?“, fragte Mr. Pinguin entsetzt. „Es ist das Alter, fürchte ich“, antwortete Kriemhilde Knochen traurig. „Das Museum ist über zweihundert Jahre alt, müssen Sie wissen, und wenn irgendwo etwas in die Brüche geht, dann geht alles andere gleich mit kaputt.“

In diesem Moment tauchte der größte Mann auf, den Mister Pinguin je gesehen hatte. Er kam die Treppe herunter, die sich spiralförmig um den Saal wand. „Das ist mein Bruder Montague“, krächzte Kriemhilde Knochen. „Wir sind so froh, dass Sie gekommen sind, um uns zu helfen. Es ist unsere letzte Hoffnung, den verschollenen Schatz zu finden, um all die Schäden am Museum zu reparieren. Ich fürchte, ohne den Schatz sind wir am Ende.“ Da seid ihr nicht die Einzigen, dachte Mister Pinguin bedrückt.

„Hiermit haben wir angefangen das Rätsel zu lösen“, fuhr Kriemhilde Knochen fort und zeigte auf ein Buch, das *Eine Geschichte des Museums exklusiver Seltsamkeiten* hieß. „Es wurde vor einer Ewigkeit von einem meiner Vorfahren geschrieben und der verborgene Schatz wird darin erwähnt. Ich habe auch ein Wortsuchrätsel gefunden und es ziemlich schnell gelöst: DAS X MARKIERT DAS VERSTECK.“

(gekürzt und verändert)

1 Lest den Text 4-mal.
Kreuzt nach jedem Lesen an. ☐ 1 ☐ 2 ☐ 3 ☐ 4

2 Lest die Tabelle. Kreuzt an.

	Ich schätze mich ein:	Mein Partnerkind schätzt mich ein:
Ich lese in einem guten Tempo vor.	😃 🙂 😐 🙁	😃 🙂 😐 🙁
Ich lese (fast) fehlerfrei vor.	😃 🙂 😐 🙁	😃 🙂 😐 🙁

3 Lest die Sätze. Kreuzt an.

a) Das Museum war in einem grässlichen Zustand, denn ...
- ☐ der Putz bröckelte und alles war staubig.
- ☐ jemand hatte ein Graffiti an die Wand gesprüht.

b) Kriemhildes Bruder Montague ...
- ☐ war ein kleiner, alter Mann.
- ☐ war ein riesiger Mann.

c) In dem Buch über das Museum hatte Kriemhilde Knochen ...
- ☐ einen Brief ihres Urgroβvaters gefunden.
- ☐ ein Wortsuchrätsel gefunden.

__________ Datum　　__________ Unterschrift Sportlerkind　　__________ Unterschrift Trainerkind

Ein Geheimnis unter dem Fußboden

von Alex T. Smith

Mister Pinguin hatte keine Ahnung, wo er anfangen sollte. „Wenn wir auf einer Insel nach einem Piratenschatz suchen würden“, murmelte er vor sich hin, „dann wäre irgendwo ein großes X auf dem Boden ... Aber hier ...“ Er blätterte durch *Eine Geschichte des Museums exklusiver Seltsamkeiten* und fand eine gezeichnete Karte. „Es GIBT hier sehr wohl ein X!“, rief Mister Pinguin. „Sehen Sie!“ Er zeigte auf den Teil der Karte, der die Eingangshalle zeigte. In der Mitte stand ein Dinosaurierskelett und rundherum waren die Worte DAS MUSEUM EXKLUSIVER SELTSAMKEITEN in den Boden geschrieben. „UND ...“, rief Mister Pinguin, „... in EXKLUSIV gibt es doch ein X! Was, wenn der Schatz sich dort befindet, wo das X zu sehen ist? Lasst uns gleich mal nachsehen!“

Aber die drei Schatzsucher mussten gar nicht lange suchen, denn wie es der Zufall wollte, standen sie bereits auf dem riesigen X. Schnell hatte Mister Pinguin seine Lupe herausgeholt und suchte den Fußboden ab. „DA!“, rief er. „Sehen Sie! Da ist ein kleiner Knopf!“ Mister Pinguin hielt die Luft an und drückte auf den Knopf.

Da begann der Boden unter ihren Füßen zu beben. Ein Schwall abgestandener Luft strömte aus einem Loch im Fußboden und die Stufen einer Steintreppe kamen zum Vorschein. „Ich schätze, wir gehen jetzt da runter“, sagte Mister Pinguin.

Und so machten sie sich alle auf den Weg. Nach ein paar Stufen waren sie in vollkommene Dunkelheit getaucht. „Wenn meine Berechnungen stimmen“, sagte Mister Pinguin nach ein paar Minuten, „dann sollte sich der Schatz hinter dieser Kurve befinden ...“

Sie zwängten sich nacheinander durch eine enge Biegung und tapsten in eine felsige Kammer dahinter. Mister Pinguin blinzelte. Dort vor ihnen, in zwei riesigen Schatztruhen, lagen Abertausende von Goldmünzen. Dazwischen funkelten Diamanten und Rubine. „Schaut euch das alles an ...“, raunte Mister Pinguin ehrfurchtsvoll.

(gekürzt und verändert)

1 Lest den Text 4-mal.
Kreuzt nach jedem Lesen an. ☐ 1 ☐ 2 ☐ 3 ☐ 4

2 Lest die Tabelle. Kreuzt an.

	Ich schätze mich ein:	Mein Partnerkind schätzt mich ein:
Ich lese in einem guten Tempo vor.	😃 🙂 😐 🙁	😃 🙂 😐 🙁
Ich lese (fast) fehlerfrei vor.	😃 🙂 😐 🙁	😃 🙂 😐 🙁

3 Tragt die passenden Wörter ein. Findet das Lösungswort.

Kriemhilde arbeitete in einem … .		M		▢			M	
Das Wortsuchrätsel stand in ihrem …			U	▢				
Im Fußboden entstand ein … .	L			▢				
„Wir gehen … runter“, sagte Mr. Pinguin.			D	▢				
Nach ein paar … waren sie im Dunkeln.				▢		F		
Unten sahen sie … riesige Truhen.				▢	W			

In den Truhen war der ______________________ .

______ Datum ______ Unterschrift Sportlerkind ______ Unterschrift Trainerkind

Wozu hat man eine Freundin?

Eine neue Freundin

von Rose Lagercrantz

Es fing damit an, dass Melody neu in unsere Klasse kam und wir unsere Namen runterrattern mussten. „Cäcilie“, sagte ich schnell. „Cäcilie?“, wiederholte Melody. Sie sah mich mit großen runden Augen an. „Heißt du Cäcilie?“ – „Ja …“ – „Echt krass!“ Alle guckten mich an, als wäre *ich* die Neue und nicht sie. Ich merkte, dass ich rot wurde. Genau so hat es angefangen. Dann ging es weiter damit, dass wir Sport hatten und Brennball spielten. Aber ich natürlich nicht. Ich saß allein im Gras und schaute wie üblich zu.

Plötzlich ging Melody von den anderen weg und kam zu mir. „Warum sitzt du hier?“, fragte sie. Weil ich nicht Brennball spielen kann“, antwortete ich und merkte, dass ich wieder rot wurde. „Ich kann nicht rennen.“ „Warum nicht?“, fragte Melody. „Meine Beine sind nicht gleich lang“, sagte ich. „Ich würde dauernd hinfallen. Hast du nicht gesehen, dass ich hinke?“ Nein, das hatte sie tatsächlich nicht. „Kann man so was nicht operieren?“, fragte sie. „Sie haben es versucht“, antwortete ich, „mehrere Male. Aber es ist jedes Mal schiefgegangen.“

Melody drehte sich um und wollte zurück zum Spielfeld. Aber ich wollte, dass sie blieb. „Warte mal!“, rief ich. Ich schloss die Augen und wünschte mir etwas. Dann öffnete ich die Augen und fragte Melody, ob sie in der Klasse schon Freunde habe. „Ja, eine Freundin“, sagte sie. „Dich!“ Genau wie ich es mir gewünscht hatte!

(gekürzt und verändert)

1 Lest den Text 4-mal.
Kreuzt nach jedem Lesen an. 1 2 3 4

2 Lest die Tabelle. Kreuzt an.

	Ich schätze mich ein:	Mein Partnerkind schätzt mich ein:
Ich lese in einem guten Tempo vor.		
Ich lese (fast) fehlerfrei vor.		

3 Lest die Sätze. Welche Sätze stimmen? Kreuzt an.

- [ ] Melody kam neu in die Klasse und alle Kinder mussten ihre Namen nennen.
- [ ] Im Sportunterricht spielte die Klasse Handball.
- [ ] Cäcilie saß im Gras und sah den Kindern zu.
- [ ] Cäcilie erzählte Melody, dass ihr Bein schon oft operiert worden war.
- [ ] Melody wurde tatsächlich Cäcilies Freundin.

4 Wie heißt der falsche Satz richtig? Schreibt.

____

Datum | Unterschrift Sportlerkind | Unterschrift Trainerkind

Wozu hat man eine Freundin?

Im Krankenhaus

von Rose Lagercrantz

Seit Melody in mein Leben gekommen war, mochte ich Sport am liebsten, weil sie in den Sportstunden neben mir sitzen und mir Gesellschaft leisten durfte.

Wir gingen jedes Mal zu einer Bank im Park und redeten. Nur eins war nicht gut daran, Melody zur Freundin zu haben: Wir konnten uns nie nachmittags treffen. Sobald der Unterricht vorbei war, ging sie zum Training. „Wenn man in einer Superfußballmannschaft ist, muss man in jeder freien Minute trainieren“, erklärte sie.

Als ich eines Mittags nach Hause kam, stand Mama in der Küche und wartete auf mich. „Vom Krankenhaus hat jemand angerufen“, sagte sie. „Sie wollen dein Bein noch einmal operieren.“ Ich war stumm vor Schreck.

Am Nachmittag ging ich zum Fußballplatz, um zuzugucken, wie Melody mit ihrer Mannschaft trainierte. Wenn sie mich entdeckte und mir zuwinkte, würde die Operation gut gehen, dachte ich.

Aber Melody sah mich nicht. Sie war vollkommen beschäftigt mit Dribblings, Pässen und Kopfbällen und was es da sonst noch alles gab.

Als ich nach der Operation aufwachte, war mir schlecht. Mama hatte sich frei genommen und saß an meinem Bett. Irgendwann ging die Tür auf und Melody stand da. In den Händen hatte sie einen Fußball.
„Was soll das denn?“, platzte Mama heraus.
„Das ist ein Geschenk!“ Melody lächelte. „Von der Klasse.“
„Ein Fußball? Wer ist denn auf die Idee gekommen?“
„Ich natürlich“, sagte Melody. „Du möchtest ihn doch haben?“, fragte sie unsicher und gab mir den Ball. Cäcilie vor, noch ein Tor! stand in Melodys Handschrift darauf. Und alle aus der Klasse hatten unterschrieben.
„Sobald du nach Hause kommst, fangen wir an zu trainieren“, versprach Melody. *(gekürzt und verändert)*

1 Lest den Text 4-mal.
Kreuzt nach jedem Lesen an. 1 2 3 4

2 Lest die Tabelle. Kreuzt an.

	Ich schätze mich ein:	Mein Partnerkind schätzt mich ein:
Ich lese in einem guten Tempo vor.	😀 🙂 😐 🙁	😀 🙂 😐 🙁
Ich lese (fast) fehlerfrei vor.	😀 🙂 😐 🙁	😀 🙂 😐 🙁

3 Setzt passende Wörter in den Text ein.

In den ____________ saß Melody nun immer neben Cäcilie. Eines Mittags sagte Cäcilies Mama: „Jemand vom ____________ hat angerufen.“ Cäcilies ____________ wurde noch einmal operiert. Nach der Operation kam ____________ zu Besuch. Sie brachte Cäcilie einen ____________ mit.

4 Was hatte Melody auf den Ball geschrieben? Schreibt.

____

Datum | Unterschrift Sportlerkind | Unterschrift Trainerkind

Wozu hat man eine Freundin?

Auf dem Spielfeld

von Rose Lagercrantz

Erst als Melody gegangen war, kamen die Gedanken. Meinte Melody es ernst? Wie sollte ich so schnell rennen können, wie man muss, wenn man Fußball spielt?

Sobald es möglich war, fing ich mit der Krankengymnastik an. Und tatsächlich – irgendwann konnte ich die ersten Schritte machen. Nach einer Weile war klar: Ich hinkte nicht mehr!

Eines Nachmittags, kurz nachdem ich nach Hause gekommen war, klingelte es an der Tür, und da stand Melody. „Zeit, dass wir mit dem Training anfangen“, sagte sie. Melody hatte es sich so gedacht, dass ich im Tor stehen und die Bälle halten sollte, die sie schoss. Aber ich hatte Angst vor dem Ball und sprang zur Seite. Doch Melody holte mich auch weiterhin jedes Mal ab, wenn sie nicht selbst trainieren musste. Wenn der Fußballplatz belegt war, gingen wir zu einer kleinen Wiese, wo sie manchmal übte. Dort wurde ich besser und besser.

Eines Tages fand Melody, dass wir mit ihrem Trainer vom FC Birka reden und ihn fragen sollten, ob ich bei ihnen anfangen konnte. Aber ich traute mich nicht.

Doch dann brach Melody sich ein Bein. „Wie soll das bloß mit dem FC Birka gehen?“, stöhnte sie, als ich sie besuchte. „Wir spielen morgen gegen die Tiger! Der schwierigste Gegner der ganzen Saison. Kapierst du? Dieses Spiel bedeutet alles!“ Und da wusste ich, was ich zu tun hatte.

Als ich am nächsten Tag im Spiel gegen die Tiger den Ball auf mich zufliegen sah, stürmte ich nach vorne, stoppte im genau richtigen Moment und hielt den Ball mit beiden Händen! Genau so, wie ich es immer mache, wenn ich mit Melody trainiere. So war das, als ich Mitglied vom FC Birka wurde.

(gekürzt und verändert)

1 Lest den Text 4-mal.
Kreuzt nach jedem Lesen an. ☐ 1 ☐ 2 ☐ 3 ☐ 4

2 Lest die Tabelle. Kreuzt an.

	Ich schätze mich ein:	Mein Partnerkind schätzt mich ein:
Ich lese in einem guten Tempo vor.	😃 🙂 😐 🙁	😃 🙂 😐 🙁
Ich lese (fast) fehlerfrei vor.	😃 🙂 😐 🙁	😃 🙂 😐 🙁

3 Bringt die Sätze in die richtige Reihenfolge.
Schreibt A B C D E in die Kreise.

◯ Dadurch lernte sie wieder richtig zu laufen.

◯ Cäcilie fing mit der Krankengymnastik an.

◯ Melody und Cäcilie begannen mit dem Training.

◯ Cäcilie wurde Mitglied beim FC Birka.

◯ Melody brach sich ein Bein.

4 Warum traute sich Cäcilie plötzlich, beim Spiel gegen die Tiger mitzumachen? Sprecht darüber.

Datum | Unterschrift Sportlerkind | Unterschrift Trainerkind

Kannst du

von Juliane Blech

Kannst du
fünf Bäume beim Namen nennen
kannst du
schnell wie ein Windhund rennen
kannst du
andere zum Lachen bringen
kannst du
wie ein Grashüpfer springen
kannst du
verrückte Fratzen schneiden
kannst du
Dinge für dich entscheiden
kannst du
schlürfen schmatzen und wild sein
schmollen schielen und Fragen haben
kannst du
Worte rückwärts sagen

kannst du
fies sein schlapp stark schlau
kannst du
stolzieren wie ein Pfau
kannst du
schnitzen schwitzen schweigen
eine kleine Geschichte schreiben
kannst du lügen lästern wetten weinen
kannst du
schnalzen schummeln reimen
pfeifen schnaufen Schlaufen binden
kleckern meckern ein Streichholz anzünden

kannst du
klettern malen Sandburgen bauen
kannst du
jemandem vertrauen
kannst du
schluchzen schmunzeln schleichen
matschen klatschen katschen kreischen
dich dreißig Mal um dich selber drehen

kannst du
andere verstehen
kannst du
träumen trödeln trotzen
Fliegen fangen mäkeln motzen
weinen flüstern ängstlich sein
kannst du
anderen verzeihen
kannst du
frech sein froh ein Floh
so wie du bist
kannst du
erkennen wie viel ist
um dich herum und in dir drin

kannst du
sehen was du kannst
und dass es gar kein Ende nimmt
dass Können
mit – Ich kann – beginnt
was du heute nicht kannst
mach dir keine Sorgen
kannst du wieder versuchen
gleich jetzt oder morgen *(gekürzt und verändert)*

1 Lest den Text 4-mal.
Kreuzt nach jedem Lesen an. [1] [2] [3] [4]

2 Lest die Tabelle. Kreuzt an.

	Ich schätze mich ein:	Mein Partnerkind schätzt mich ein:
Ich lese in einem guten Tempo vor.	😀 🙂 😐 🙁	😀 🙂 😐 🙁
Ich lese (fast) fehlerfrei vor.	😀 🙂 😐 🙁	😀 🙂 😐 🙁

3 Was könnt ihr und wie macht ihr das?
Jedes Kind sucht sich einen Vers aus dem Gedicht aus.
Erzählt oder zeigt eurem Partnerkind, was ihr wie könnt.

4 Was könnt ihr alles?
Schreibt oder malt in bunten Farben.

Datum

Unterschrift Sportlerkind

Unterschrift Trainerkind

Kleine Träume

von Juliane Blech

Ich mach im Traum einen Purzelbaum,
ich klettere auf den höchsten Baum,
ich bin ein Fisch mit bunten Flossen,
ich habe tausend Sommersprossen,
ich baue Burgen, pflanze Gurken,
ich verkloppe alle Schurken,
ich kann fliegen übers Haus,
ich kann knacken jede Laus,
ich bin schneller als ein Pferd,
mops die Pfanne mir vom Herd,
mach ein Feuer nachts im Wald,
werde hundert Jahre alt.

Ich muss mir nie die Zähne putzen,
kann einem Stier die Hörner stutzen,
kann Kopfstand ohne umzufallen,
mich wie ein Faultier an Äste krallen.
Ich grab den Schatz des Königs aus,
ich werde eine Fledermaus,
ich esse süße Zuckerwatte,
häng am Schwanz von einer Ratte.
Rutsche singend auf dem Po
durchs Zimmer bis nach Mexiko,
komm im Ballon dann wieder,
summe Mückenlieder,
hab ’nen Kamm aus Hühnerknochen
und weiß, wofür die Herzen pochen.

Ich flitze dreimal um die Erde,
hüte eine Büffelherde,
jage Monster aus dem Keller,
trage ein Tablett voll Teller,
finde einen Frosch mit Ohren,
eine Schwester wird geboren.
Eine Tante will mich fangen,
mit ihren Haaren, ziemlich langen.

Meine Mutter küsst den Kater,
Vater fällt in einen Krater,
ich pfeife wie ein Murmeltier,
wickle Spucke in Papier,
schwebe wie ’ne Seifenblase,
schmier mir Butter auf die Nase,
stopfe Knoblauch in Vulkane,
nasche Berge süßer Sahne,
fahr auf Meeren als Pirat,
kann Kompass lesen und Spagat
und Purzelbaum, einen Purzelbaum,
mach ich, wie gesagt, im Traum.

(gekürzt und verändert)

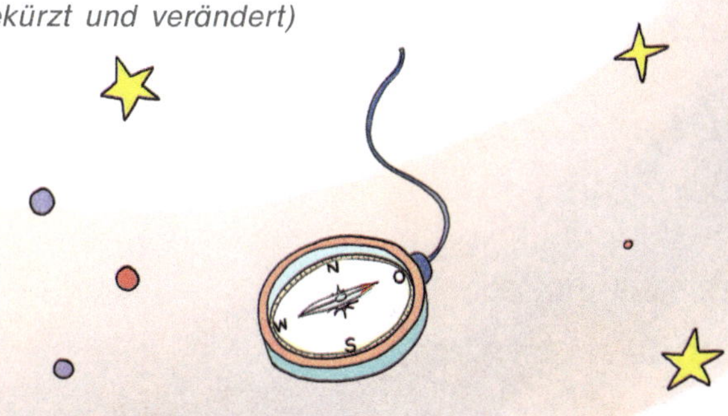

1 Lest den Text 4-mal.
Kreuzt nach jedem Lesen an. 1 2 3 4

2 Lest die Tabelle. Kreuzt an.

	Ich schätze mich ein:	Mein Partnerkind schätzt mich ein:
Ich lese in einem guten Tempo vor.		
Ich lese (fast) fehlerfrei vor.		

3 Was würdet ihr im Traum machen?
Jedes Kind markiert einen Vers im Gedicht.

4 Wie steht es im Gedicht? Lest die Verse.
Kreuzt an.

	richtig	falsch
Ich kann fliegen übers Haus, ich kann knacken jede Maus.	☐	☐
Ich grab den Schatz des Königs aus, ich werde eine Fledermaus.	☐	☐
Ich flitze dreimal um die Erde, damit ich immer schneller werde.	☐	☐

Datum ______ Unterschrift Sportlerkind ______ Unterschrift Trainerkind ______

Vom verlorenen F

von Juliane Blech

Man berichtete mir von einer Fledermaus,
die verlor im Flug ihr F
und wurde so zur Ledermaus,
was ihr überhaupt nicht gefiel.
Groß war der Schreck, das F blieb weg
und kurzerhand zog die Ledermaus los.

Sie überfiel einen schönen Falter,
raubte das F ihm, wurde wieder zur Fledermaus,
doch der Falter ohne F war nur noch ein Alter.
Er wollte natürlich kein Alter sein
und zog betroffen weiter,
lud eine Fliege zu sich ein,
die ahnte nichts, sie folgte ihm,
folgte ihm sogar sehr heiter.

Auch sie verlor kurz darauf ihr F,
es landete wieder beim Alter,
der flatterte rasch als Falter davon
und die Fliege war nun eine Liege.
Eine Liege wollte diese nicht sein,
ein F musste her, aber wie?
Als Liege schlich sie sich in den Zoo,
und landete auf einem Knie.

Und zwar auf dem Knie eines Faultiers,
welches da träge schlief.
Liege mopste ihm das F,
da hing ein Aultier nun,
was tief schlief.

Dass das Faultier jetzt ein Aultier war,
bemerkte es erst nach Stunden,
allerdings, faul wie es war,
hat es nichts dran gefunden.
Fehlte ein F, dann fehlte es eben,
damit konnte es durchaus leben
und so blieb es hängen an seinem Ast
und murmelte schläfrig, lasst mich doch,
lasst!

(gekürzt und verändert)

1 Lest den Text 4-mal.
Kreuzt nach jedem Lesen an. ☐ 1 ☐ 2 ☐ 3 ☐ 4

2 Lest die Tabelle. Kreuzt an.

	Ich schätze mich ein:	Mein Partnerkind schätzt mich ein:
Ich lese in einem guten Tempo vor.	😄 🙂 😐 🙁	😄 🙂 😐 🙁
Ich lese (fast) fehlerfrei vor.	😄 🙂 😐 🙁	😄 🙂 😐 🙁

3 Wer klaut wem ein F? Verbindet.

Fledermaus

Falter

Fliege

Fliege

Faultier

Falter

4 Verändert die zweite Strophe des Gedichts.

a) Setzt für das Wort Falter das Wort Frosch ein.

b) Ersetzt das Wort Fliege durch Feldmaus.

c) Wie muss der dritte Vers lauten? Schreibt.

Doch der Frosch ohne F war nur noch ein ____________ .

______________ Datum

______________ Unterschrift Sportlerkind

______________ Unterschrift Trainerkind

Der Klettverschluss

Die Klette fällt durch ihre rosafarbenen, kugelförmigen Blüten auf. Aus diesen Blüten entstehen Früchte, die sich in deiner Kleidung festsetzen, wenn du die Pflanze streifst.

So erging es auch dem Schweizer Wissenschaftler Georges de Mestral, der mit seinem Hund Spaziergänge im Wald unternahm. Abends hingen immer viele Früchte der Klette an seiner Kleidung und im Fell seines Hundes.

Georges de Mestral untersuchte daraufhin die Pflanze genauer. Er entdeckte an den Früchten kleine Häkchen, die nicht kaputt gingen, wenn er sie aus dem Fell seines Hundes zog.

Diese Entdeckung brachte Georges de Mestral auf die Idee, den Klettverschluss zu erfinden. Im Jahr 1951 meldete er seine Erfindung zum Patent an. Außerdem gründete er eine eigene Firma, die 1959 nach dem Vorbild der Natur den ersten Klettverschluss herstellte.

Der Klettverschluss besteht aus zwei Bändern. Das Hakenband entspricht mit seinen vielen Häkchen der Frucht der Klette. Das Flauschband erinnert an das Fell des Hundes. Es besitzt unzählige Schlaufen, in denen sich die Häkchen verhaken können. Die Häkchen können sich mit den Schlaufen unzählige Male verbinden, bevor sie nicht mehr funktionieren. Mittlerweile kann der Klettverschluss ungefähr 10 000-mal aufgerissen und wieder geschlossen werden.

Heutzutage finden wir Klettverschlüsse an Kleidungsstücken, Schuhen, Windeln, Rucksäcken und vielem anderen. Sogar die Astronauten der NASA haben Klettverschlüsse an ihren Raumanzügen. Eine internationale Jury kürte den Klettverschluss zu den 50 wichtigsten Erfindungen des 20. Jahrhunderts.

1 Lest den Text 4-mal.
Kreuzt nach jedem Lesen an. ☐ 1 ☐ 2 ☐ 3 ☐ 4

2 Lest die Tabelle. Kreuzt an.

	Ich schätze mich ein:				Mein Partnerkind schätzt mich ein:			
Ich lese in einem guten Tempo vor.	😃	🙂	😐	☹️	😃	🙂	😐	☹️
Ich lese (fast) fehlerfrei vor.	😃	🙂	😐	☹️	😃	🙂	😐	☹️

3 Setzt passende Wörter in den Text ein.

Georges de Mestral unternahm gern mit seinem Hund ______________ im Wald. Dabei blieben oft die ______________ der Klette im Fell des Hundes hängen. Daraufhin erfand er den ______________. Wir finden ihn heute an ______________, Schuhen, Windeln und Rucksäcken. Auch die ______________ der NASA haben Klettverschlüsse an ihrer Kleidung. Der Klettverschluss gehört heute zu den 50 wichtigsten ______________ des 20. Jahrhunderts.

______________	______________	______________
Datum	Unterschrift Sportlerkind	Unterschrift Trainerkind

Katzenaugen

An einem Abend im Jahr 1933 fuhr der britische Straßenbauer und Erfinder Percy Shaw auf einer kleinen Landstraße in England nach Hause. Plötzlich sah er eine Katze neben der Straße sitzen. Als die Scheinwerfer seines Autos die Katze erfassten, sah er die Augen der Katze im Licht der Scheinwerfer leuchten. Er nahm sich vor, dies genauer zu untersuchen.

Shaw fand heraus, dass die Augen einer Katze nicht von allein leuchten. Sie reflektieren das Licht, strahlen es also zurück. Im Auge der Katze befindet sich nämlich eine besondere Schicht. Wenn Licht auf diese Schicht fällt, wird es wie von einem Spiegel zurückgeworfen.

Percy Shaw überlegte, dass die Straßen nachts viel sicherer sein könnten, wenn man sich diese Entdeckung zunutze machen könnte. Er erfand kleine Reflektoren, die man in die Fahrbahn einbauen konnte. Da sie wie die Augen einer Katze das Licht von Autoscheinwerfern zurückwarfen, nannte er die Reflektoren Katzenaugen.

1934 meldete Shaw seine Erfindung zum Patent an. Damit war über eine Dauer von zwanzig Jahren seine Erfindung geschützt. Ein Jahr später gründete Percy Shaw eine Firma, die bis heute Katzenaugen herstellt. Das Wort „Catseye“, also „Katzenauge“, ließ Shaw sich ebenfalls schützen. Es darf daher nur von dieser Firma verwendet werden.

Mittlerweile wurden Shaws Reflektoren weiterentwickelt und werden heute in vielen Bereichen verwendet. So sind sie beispielsweise Bestandteile von Leitpfosten oder von Verkehrsschildern an den Autobahnen.

Auch an deinem Fahrrad findest du Reflektoren. Damit dein Fahrrad sicher im Straßenverkehr ist, muss es vorn einen weißen Reflektor und hinten einen roten Reflektor besitzen. Außerdem müssen die Pedale und die Räder mit Reflektoren ausgestattet sein. Nach wie vor erinnern die Reflektoren an die Katze, der Percy Shaw an einem dunklen Abend im Jahr 1933 begegnete.

1 Lest den Text 4-mal.
Kreuzt nach jedem Lesen an. ☐ 1 ☐ 2 ☐ 3 ☐ 4

2 Lest die Tabelle. Kreuzt an.

	Ich schätze mich ein:	Mein Partnerkind schätzt mich ein:
Ich lese in einem guten Tempo vor.	😀 🙂 😐 🙁	😀 🙂 😐 🙁
Ich lese (fast) fehlerfrei vor.	😀 🙂 😐 🙁	😀 🙂 😐 🙁

3 Tragt die passenden Wörter ein. Findet das Lösungswort.

Eines Abends fuhr Percy … nach Hause.

Er war von Beruf Straßenbauer und … .

Im Auge von Katzen ist eine besondere … .

Sie reflektiert das …

ähnlich wie bei einem … .

Katzenaugen werden bis heute von Shaws … hergestellt.

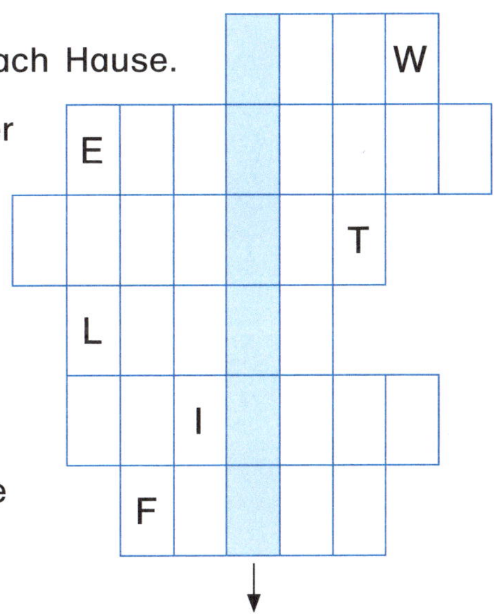

Mit Katzenaugen sind die Straßen nachts ____________ .

Datum ____________ Unterschrift Sportlerkind ____________ Unterschrift Trainerkind ____________

Der Paketfallschirm

Käthe Paulus wuchs in einfachen Verhältnissen vor etwa 150 Jahren in Frankfurt am Main auf. Sie erlernte zunächst den Beruf der Schneiderin und arbeitete dann in einer Werkstatt für Damenbekleidung. Schon früh interessierte sie sich aber auch für Akrobatik.

1889 lernte Käthe Paulus den Ballonfahrer Hermann Lattemann kennen. Von ihm lernte sie das Ballonfahren und das Fallschirmspringen. Als gelernte Schneiderin half sie außerdem Hermann Lattemann, Fallschirme zu nähen und zu reparieren.

Im Jahr 1893 wurde Käthe Paulus als erste Fallschirmspringerin Deutschlands berühmt. Zusammen mit Hermann Lattemann hatte sie viele spektakuläre und gefährliche Auftritte. Ein besonders mutiger Sprung war ihr Doppelabsturz mit zwei Fallschirmen: Mit dem ersten Fallschirm sprang sie aus dem Ballonkorb. Dann löste sie sich vom ersten Fallschirm und öffnete im freien Fall den zweiten Fallschirm.

Am 17. Juni 1894 geschah jedoch ein schreckliches Unglück. Käthe Paulus und Hermann Lattemann stiegen gemeinsam mit dem Ballon auf. Käthe Paulus sprang kurz danach mit dem Fallschirm ab, während Hermann Lattemann den Ballon in einen Fallschirm verwandeln und sicher zur Erde zurückbringen sollte. Der Ballon reagierte jedoch anders als geplant und stürzte ab. Hermann Lattemann starb.

Käthe Paulus war schockiert von diesem Erlebnis, beschloss aber, weiter aufzutreten und entwickelte immer gewagtere Kunststücke. Eines davon war der Fahrrad-Luftballon, bei dem sie den Ballonkorb durch ein Luftfahrrad ersetzte.

Der tödliche Absturz Hermann Lattemanns ließ Käthe Paulus aber keine Ruhe. Sie wollte Fallschirme unbedingt sicherer machen und arbeitete Tag und Nacht, bis sie den Paketfallschirm entwickelt hatte. Das Neue daran war, dass der Fallschirm sich jetzt zusammenlegen und wie in einem Paket verstauen ließ, sodass sich die Schnüre beim Öffnen des Fallschirms nicht mehr verwickelten. Nach diesem Prinzip werden bis heute Fallschirme hergestellt.

1 Lest den Text 4-mal.
Kreuzt nach jedem Lesen an. ☐ 1 ☐ 2 ☐ 3 ☐ 4

2 Lest die Tabelle. Kreuzt an.

	Ich schätze mich ein:	Mein Partnerkind schätzt mich ein:
Ich lese in einem guten Tempo vor.	😀 🙂 😐 🙁	😀 🙂 😐 🙁
Ich lese (fast) fehlerfrei vor.	😀 🙂 😐 🙁	😀 🙂 😐 🙁

3 Beantwortet die Fragen. Schreibt.

a) In welcher Stadt wuchs Käthe Paulus auf?

____

b) Was lernte Käthe Paulus von Hermann Lattemann?

____

____

c) Warum war der Paketfallschirm von Käthe Paulus sicherer als die früheren Fallschirme?

____

____

Datum	Unterschrift Sportlerkind	Unterschrift Trainerkind

Königstochter Violetta

von Cornelia Funke

König Wilfried, der Wohlriechende, hatte drei Söhne, denen ließ er all das beibringen, was sein Vater ihm hatte beibringen lassen – das Reiten, das Kämpfen mit Schwert und Lanze und gute Manieren beim Essen. Die drei lernten stolz daherzuschreiten, mit lauter Stimme zu reden und das, was das Wichtigste für Königssöhne ist, das Befehlen – ihren Dienern, ihren Kindermädchen, ihren Hunden und ihren Pferden.

Doch dann gebar die Königin eine Tochter. Und starb bei der Geburt. Und niemand konnte dem König sagen, was man einer Tochter beibringt. Also ließ er sie dasselbe lernen wie seine Söhne. Obwohl sie kleiner und zarter war als die drei und kaum ein Schwert heben konnte.

Violetta Spinnenbein nannten ihre Brüder sie, Violetta Mückenstark, Violetta Fliegenschreck.

Die drei prahlten damit, dass sie einem Pferd die Sporen so heftig in die Seite stoßen konnten, dass auch der stolzeste Hengst gehorchte. Sie schlugen den Strohpuppen, mit denen sie das Kämpfen übten, so heftig die Köpfe ab, dass sie über die Schlossmauer flogen – und lachten dreistimmig über ihre kleine Schwester, die Mühe hatte, in der schweren Rüstung auf ein Pferd zu steigen.

„Ach, Emma“, sagte Violetta abends zu ihrer Dienerin, als sie ihr die blauen Flecken kühlte. „Ich werde nie so stark sein wie meine Brüder.“ „Nicht so stark, aber dreimal so klug“, erwiderte Emma. „Warum bittet ihr Euren Vater nicht, Euch etwas anderes lernen zu lassen als die elende Kämpferei? Lernt Sticken oder Weben, die Flöte spielen oder sonst etwas Nützliches.“ Aber Violetta schüttelte den Kopf. „Nein“, sagte sie. „Damit meine Brüder weiter über mich lachen? Nein, nein, nein.“ Und Emma sagte nichts mehr, denn sie wusste, dass die Prinzessin starrköpfiger war als die drei Prinzen zusammen. *(gekürzt und verändert)*

1 Lest den Text 4-mal.
Kreuzt nach jedem Lesen an. ☐ 1 ☐ 2 ☐ 3 ☐ 4

2 Lest die Tabelle. Kreuzt an.

	Ich schätze mich ein:	Mein Partnerkind schätzt mich ein:
Ich lese in einem guten Tempo vor.	😃 🙂 😐 🙁	😃 🙂 😐 🙁
Ich lese (fast) fehlerfrei vor.	😃 🙂 😐 🙁	😃 🙂 😐 🙁

3 Bringt die Sätze in die richtige Reihenfolge.
Schreibt A B C D E in die Kreise.

◯ Die Tochter war kleiner und zarter als ihre Brüder, aber sie sollte dasselbe lernen wie ihre Brüder.

◯ Zuerst hatte König Wilfried nur drei Söhne, denen er viele Dinge beibrachte.

◯ Abends musste die Prinzessin ihre blauen Flecken kühlen.

◯ Trotzdem wollte sie nichts anderes lernen als die Brüder.

◯ Als die Prinzessin geboren wurde, starb ihre Mutter.

_______________ _______________ _______________
Datum | Unterschrift Sportlerkind | Unterschrift Trainerkind

Eine unschöne Überraschung

von Cornelia Funke

Violetta jedoch schlich künftig jede Nacht aus dem Palast, um all das zu üben, was ihre Brüder so viel besser konnten. Ihre Brüder wurden groß und stark wie die Ritter ihres Vaters, aber Violetta wurde mit jedem Tag flinker und treffsicherer. Die Pferde aus dem Stall ihres Vaters trugen sie gern auf dem Rücken. Und wenn Violettas Brüder mit den Lanzen nach ihr stießen, bohrten sie nur Löcher in die Luft. Schwindelig ritt sie ihre Brüder, bis deren Pferde schnaubend die Köpfe hochwarfen und keinen Schritt mehr taten. So lachten die drei Prinzen bald nicht mehr über ihre kleine Schwester. Und Violetta Fliegenschreck nannten sie sie auch nicht mehr.

Doch dann kam der Tag vor ihrem 16. Geburtstag. „Violetta“, sagte ihr Vater, nachdem er sie hatte zu sich rufen lassen. „Ich werde zur Feier deines Geburtstages ein Turnier veranstalten. Der Siegespreis wird die besten Ritter des Landes herbeilocken.“

„Und was für ein Preis wäre das, Vater?“, fragte Violetta. „Der Sieger“, erwiderte König Wilfried, „wird dich zur Frau bekommen. Also zieh dir dein schönstes Kleid an und übe vor dem Spiegel, freundlich zu lächeln.“ Violetta wurde so rot wie der Klatschmohn im Burggraben. „Niemals!“, rief sie. „Niemals werde ich so einen Blechkopf heiraten.“

Da ließ ihr Vater sie in den Burgturm sperren, zu den Ratten und Fledermäusen. Und erst, als der Mond über dem Schloss stand, erlaubte er Violettas jüngstem Bruder, sie zu befreien. „Hör auf zu weinen, Schwesterchen!“, sagte er und tupfte ihr die Tränen von den Wangen. „Ich werde das Turnier gewinnen. Mich kannst du schließlich nicht heiraten.“ Aber Violetta schüttelte den Kopf und wischte sich die Augen mit dem Saum ihres Kleides. „Ich danke dir“, sagte sie. „Doch darum kümmere ich mich besser selbst.“

(gekürzt und verändert)

1 Lest den Text 4-mal.
Kreuzt nach jedem Lesen an. 1 2 3 4

2 Lest die Tabelle. Kreuzt an.

	Ich schätze mich ein:				Mein Partnerkind schätzt mich ein:			
Ich lese in einem guten Tempo vor.								
Ich lese (fast) fehlerfrei vor.								

3 Sprecht über diese Fragen:

a) Warum lachten die drei Prinzen bald nicht mehr über ihre kleine Schwester?

b) Was plante der Vater zur Feier des 16. Geburtstags von Violetta?

c) Wie reagierte Violetta auf diese Idee?

4 Lest noch einmal die Zeilen 34 bis 41.
Was für einen Plan könnte Violetta haben? Schreibt.

____

____

Datum	Unterschrift Sportlerkind	Unterschrift Trainerkind

Das Turnier

von Cornelia Funke

Violettas Geburtstag kam, und auf dem Turnierplatz hinter dem Palast drängten sich die Ritter. Neben dem König aber saß nicht Violetta, sondern Emma, ihre Dienerin, in Violettas schönstem Kleid, mit einem Schleier vor dem Gesicht. Violetta selbst legte eine schwarze Rüstung an, sattelte ihr Pferd und ritt mit den anderen Rittern in die Arena.

Die Fanfaren erklangen, und das Turnier um die Hand der Prinzessin begann. Ein Ritter nach dem anderen trieb sein Pferd in die Schranken, doch der Ritter in der schwarzen Rüstung besiegte sie alle: Sigurd von Drachentod, Hartmut von Hasslingen, Götz Ohnegnaden, ja, selbst die drei Söhne des Königs warf der namenlose Ritter in den Staub.

Schließlich fand sich niemand mehr, der sich mit ihm messen wollte. Und der Ritter ohne Namen ritt zum Platz des Königs und senkte die Lanze, um den Siegeskranz zu empfangen.

„Woher stammt Ihr, Ritter Namenlos?“, fragte Wilfried, der Wohlriechende. Ihr habt Eurem Hause wahrlich Ehre gemacht, meine Tochter wird sich glücklich schätzen, Euch zum Mann zu bekommen.“ „Oh, das glaube ich nicht“, antwortete der Ritter Namenlos und nahm seinen Helm ab. „Guten Tag, Vater“, sagte Violetta. „Was soll mein Siegespreis sein?“ Doch ihr Vater, der König, fand zum ersten Mal in seinem Leben keine Worte. Da wandte sich Violetta zu den anderen Rittern, die zerbeult und zerschrammt auf ihren Pferden saßen. „Wohlan, so wähle ich mir den Preis eben selbst“, sagte sie. Hiermit verkünde ich, dass niemand die Hand von Violetta erhält, der nicht vorher den Ritter Namenlos besiegt hat.“ Dann wendete sie ihr Pferd und ritt davon. Weit fort. Erst nach siebenmal sieben Tagen kehrte sie zum Schloss zurück.

Wilfried, der Wohlriechende, aber schenkte seiner Tochter zu ihrem nächsten Geburtstag ein Pferd, das so schwarz war wie die Rüstung, die der Ritter ohne Namen getragen hatte. Kein Ritter wollte je wieder mit dem Namenlosen kämpfen. Und Violetta heiratete den Rosengärtner ihres Vaters und wurde sehr glücklich.

(gekürzt und verändert)

1 Lest den Text 4-mal.
Kreuzt nach jedem Lesen an. 1 2 3 4

2 Lest die Tabelle. Kreuzt an.

	Ich schätze mich ein:	Mein Partnerkind schätzt mich ein:
Ich lese in einem guten Tempo vor.	😀 🙂 😐 🙁	😀 🙂 😐 🙁
Ich lese (fast) fehlerfrei vor.	😀 🙂 😐 🙁	😀 🙂 😐 🙁

3 Setzt passende Wörter in den Text ein.

Auf dem Platz neben dem König saß Emma,
die ________________. Violetta trug eine
________________ Rüstung und besiegte alle Gegner.
Als sie zum Platz des Königs ritt, nannte dieser sie
_________________________. Violetta nahm ihren
________________ ab und der König war sprachlos.

4 Markiert passende Stellen im Text.

a) Was verkündete Violetta nach ihrem Sieg?

b) Wen heiratete Violetta?

__________ Datum | ____________________ Unterschrift Sportlerkind | ____________________ Unterschrift Trainerkind

Urkunde

Herzlichen Glückwunsch,

______________________________!

(Name)

Du hast _____ Trainingseinheiten
im Tandem bearbeitet
und dabei deine
Lesefähigkeit verbessert!

______________________________ ______________________________

(Ort und Datum) (Unterschrift Lehrkraft)